PAUL SÉBILLOT

LA RÉPUBLIQUE

C'EST

LA TRANQUILLITÉ

---

10 centimes

PARIS

LIBRAIRIE DU SUFFRAGE UNIVERSEL

14, RUE HAUTEFEUILLE, 14

—

1875

Répandre des livres et des brochures destinés à fournir les renseignements dont tout le monde a besoin au moment des élections.

Répondre aux calomnies que les bonapartistes ne cessent d'inventer contre la République.

Montrer tous les avantages du régime Républicain sur les autres formes du gouvernement :

Tel est le but de la *Librairie du Suffrage universel.*

Elle tient à la disposition des électeurs des publications de divers formats dont les prix varient depuis 8 fr. le mille jusqu'à 80 fr.

Elle se charge également de l'expédition, avec de fortes remises, de tous les livres et brochures dont on lui fera la demande.

COLLABORATEURS

Victor Hugo. — Louis Blanc.

Louis Asseline, membre du conseil municipal de Paris et du conseil général de la Seine.

Barodet, député à l'Assemblée nationale.

De la Berge, publiciste.

Paul Beurdeley, avocat.

Octave Blondel, licencié en droit.

Bonnet-Duverdier, membre du conseil municipal de Paris et du conseil général de la Seine.

Charles Boysset, député à l'Assemblée nationale.

Brisson, député à l'Assemblée nationale.

J. Butler, publiciste.

Ch.-L. Chassin, publiciste.

A. Deberle, membre du conseil municipal de Paris et du conseil général de la Seine.

Delabrousse, publiciste.

P.-A. Delboy, membre du conseil général de la

Gironde et du conseil municipal de Bordeaux.

Élisée Drouillon, ingénieur, conseiller général du Gard

Floquet, ancien député à l'Assemblée nationale, président du conseil municipal de Paris.

W. Gagneur, député à l'Assemblée nationale.

Émile Gautier, licencié en droit.

Gilly la Palud, publiciste.

Gabriel Guillemot, publiciste.

Yves Guyot, membre du conseil municipal de Paris et du conseil général de la Seine.

Charles Habeneck, publiciste.

Ernest Hamel, publiciste, conseiller général de la Somme.

Issaurat, publiciste.

Eugène Jacquet, publiciste.

Sigismond Lacroix, membre du conseil municipal de Paris et du conseil général de la Seine.

Georges Lassez, publiciste.

André Lefèvre, publiciste.

Ernest Lefèvre, membre du conseil municipal de Paris et du conseil général de la Seine.

Édouard Lockroy, député à l'Assemblée nationale.

Paul Meurice, rédacteur du *Rappel.*

Madier-Montjau, député à l'Assemblée nationale.

de Mahy, député à l'Assemblée nationale.

Marcou, député à l'Assemblée nationale.

Marmottan, membre du conseil municipal de Paris et du conseil général de la Seine.

A. Meurgé, avocat.

Édouard Millaud, député à l'Assemblée nationale.

Millot, publiciste.

Monprofit, publiciste.

Alfred Naquet, député à l'Assemblée nationale.

Lucien Pasquier, docteur en droit.

Camille Pelletan, rédacteur du *Rappel.*

Georges Périn, député à l'Assemblée nationale.

Alphonse Peyrat, député à l'Assemblée nationale.

Maurice Rouvier, député à l'Assemblée nationale

Paul Sébillot, publiciste.

Maurice Talmeyr, publiciste.

Thullé, membre du conseil municipal de Paris et du conseil général de la Seine.

Tolain, député à l'Assemblée nationale.

Turigny, député à l'Assemblée nationale.

Auguste Vacquerie, rédacteur du *Rappel.*

DÉCRET DE DÉCHÉANCE

DE

Napoléon III et de sa dynastie, voté par l'Assemblée nationale, à l'unanimité, moins 6 voix, dans sa séance du 1er Mars 1871.

« L'Assemblée nationale clôt l'incident, et, dans les circonstances douloureuses que traverse la patrie et en face de protestations et de réserves inattendues, confirme la **déchéance de Napoléon III** et de sa dynastie, déjà prononcée par le suffrage universel, et le déclare **responsable de la ruine, de l'invasion et du démembrement de la France.** »

LA RÉPUBLIQUE

C'EST LA TRANQUILLITÉ

Depuis le commencement de l'année 1875, un événement considérable et décisif a été accompli en France :

La République est devenue le gouvernement définitif de notre pays.

Elle existait depuis le 4 septembre 1870; mais à l'Assemblée même, bien des gens ne dissimulaient pas leur désir de la renverser, et de la remplacer par un Gouvernement monarchique. Des députés élus uniquement pour terminer la guerre, et qui, au 8 février 1871, avaient soigneusement caché leur hostilité contre la République, ont essayé à plusieurs reprises de ramener Henri V et le drapeau blanc, au risque d'une nouvelle guerre civile, et sans tenir compte des préférences du pays pour la forme républicaine, préférences manifestées par les succès de nombreux candidats républicains dans les élections partielles.

Toutes ces intrigues ont été inutiles. Depuis le 25 février 1875, la République est le gouvernement organisé et reconnu de la France, et tout le monde lui doit obéissance.

L'Assemblée nationale, élue à une époque où la patrie était envahie, et dont la majorité était d'abord composée de partisans de la monarchie, a fini par renoncer à ses préférences de parti : elle a compris que la monarchie était désormais impossible en France, et a donné au pays le gouvernement qu'il réclamait.

Déjà le 28 janvier, une voix de majorité avait adopté l'article premier du projet Wallon, qui consacrait le régime républicain.

Le 25 février, 411 membres de l'Assemblée nationale adoptaient l'ensemble de la loi qui donnait à la République la consécration légale.

Cette majorité, composée des trois groupes de la gauche, du groupe Wallon, en tout 364 députés, et de 77 membres du centre droit, faisait sortir la France d'une situation qui ne pouvait se prolonger sans compromettre gravement l'avenir et les intérêts du pays. Tous les légitimistes, tous les bonapartistes, un certain nombre d'orléanistes, en tout 234 députés, votaient contre la loi, et *refusaient à la France un gouvernement nécessaire.*

Ce jour mémorable, les républicains et ceux des monarchistes qui s'étaient convertis à la forme républicaine, se firent de mutuelles concessions. Ils voulurent, en ouvrant la République à tous les Français qui préfèrent l'intérêt supérieur de la patrie aux ambitions de parti ou à des traditions, mettre fin aux révolutions qui depuis près de cent ans arrivent presque périodiquement dans notre pays.

**

Depuis 1789, six souverains ont régné en France : Louis XVIII est le seul qui soit mort sur le trône.

Louis XVI périt sur l'échafaud parce que, au lieu d'accepter des réformes nécessaires et de respecter la constitution qu'il avait jurée, il appela l'étranger en France pour rétablir les priviléges de la noblesse. C'est sa résistance et les imprudences des émigrés qui firent sortir la révolution de la voie pacifique qui avait marqué son début.

Napoléon Ier, après avoir violemment renversé la République pour établir son pouvoir despotique, fit pendant tout son règne la guerre à l'Europe entière, sans nécessité et au profit de sa seule ambition personnelle. Il remporta de grandes victoires, mais il épuisa la France; près de deux millions de Français périrent sur le champ de bataille ou dans les neiges de la Russie; et son règne se termina par des défaites et deux invasions qui coûtèrent à la France les frontières du Rhin *conquises par la première République*, et plusieurs milliards d'indemnité donnés aux alliés.

Il mourut en exil à Sainte-Hélène.

Louis XVIII, qui, ramené en France par les Prussiens, les Russes et les Anglais coalisés, mit 3 ans à libérer le territoire occupé par les ennemis, mourut en 1824, après un règne troublé par des conspirations, qu'avaient provoquées les prétentions du clergé et de la noblesse, et la série de vengeances qu'on a appelée la *Terreur blanche.*

Les députés n'étaient nommés que par quatre-vingt mille citoyens; pour être électeur, il fallait payer 300 francs d'impôts directs. Louis XVIII, qui était moins réactionnaire que son entourage, respecta du moins la charte qu'il avait consentie en 1815.

Son successeur, Charles X, se laissa dominer par les nobles et par les jésuites, et ayant, en juillet 1830, violé la constitution, il fut chassé du trône par le peuple, et alla mourir en exil. Sous son règne, et malgré la pauvreté du trésor, on accorda une indemnité de un milliard de francs aux nobles qui avaient émigré, et dont beaucoup avaient porté les armes contre la France.

Louis-Philippe eut le tort d'avoir peur de la liberté : il voulut gouverner par lui-même.

Son règne fut troublé par de violentes émeutes où coula souvent le sang français, versé par des mains françaises.

La police aida à ces émeutes, qui étaient dues surtout à ce que le pays n'avait pas entre les mains de moyen légal pour manifester sa volonté. En effet, il fallait alors, pour être électeur, payer 200 francs d'impôts directs : *deux cent quarante mille citoyens seulement étaient appelés par ce système à nommer les députés; neuf millions et demi de citoyens ne prenaient aucune part par leurs votes aux affaires publiques.*

Les députés et la nation demandèrent qu'un plus grand nombre d'électeurs fussent appelés à se prononcer sur les intérêts publics. La résistance obstinée de Louis-Philippe à ces vœux légitimes amena la Révolution de février 1848. Il mourut en Angleterre.

*
* *

Un des premiers actes de la seconde République fut l'établissement du **Suffrage universel.**

La monarchie en s'écroulant avait laissé le trésor à peu près vide; pour le remplir et pour que le crédit de la France ne fût pas compromis, les hommes qui étaient à la tête de la République établirent l'impôt des 45 centimes. On leur reprocha cette mesure conservatrice, et leur popularité en souffrit, mais la bonne réputation du trésor fut sauvée.

Bientôt l'émeute de juin, à laquelle les monarchistes et surtout les bonapartistes prirent une part active, alarma les intérêts, et la nation eut le tort de choisir par un plébiscite pour président de la République Louis Bonaparte.

Au bout de trois ans, cet homme, *qui avait juré fidélité à la République*, voyant que la Chambre se refusait à subir ses volontés tyranniques, et à subvenir à ses goûts de dépense, n'hésita pas à se parjurer, et à déchirer la constitution dont la loi l'avait établi le premier défenseur

Le 2 décembre 1851, la Chambre fut violemment occupée par la troupe; les députés et parmi eux MM. Thiers, Rémusat, Baze, le colonel Charras, les généraux Changarnier, Leflô, Lamoricière, Cavaignac, MM. Miot, Nadaud, Victor Lefranc, etc., furent arrêtés chez eux pendant la nuit et jetés dans les cachots de Mazas et de Vincennes.

Le 4 Décembre, le futur empereur fit mitrailler sur les boulevards de Paris une foule inoffensive et désarmée. On compta plusieurs centaines de morts, parmi lesquels des femmes et des enfants. Il y eut ensuite une persécution dans les départements qui envoya à Cayenne ou dans la partie la plus malsaine de l'Afrique plus de cinquante mille citoyens.

Tel fut le début de l'empire : il commença par verser le sang des Français; il devait finir par la défaite et l'invasion.

**

L'empire était rétabli :

Napoléon III avait dit à Bordeaux : l'empire c'est la paix; son règne devait donner un perpétuel démenti à ces paroles qui avaient cependant le caractère d'un engagement, solennel.

En 1853 commença la guerre de Crimée : elle coûta à la France cent trente mille de ses enfants et un milliard et demi de francs.

Puis, ce fut en 1859, la guerre d'Italie, qui avait du moins pour but l'affranchissement d'un peuple voisin et de même race que nous. Elle nous donna la Savoie et Nice; mais la guerre fut terminée trop tôt et laissa l'Italie à moitié affranchie, et prête pour compléter son unité à s'allier avec la Prusse, ce qui eut lieu en 1866, et amena la défaite de l'Autriche à Sadowa, et la prépondérance de la Prusse en Allemagne.

Je laisse de côté les entreprises lointaines : l'expédition de Syrie, celle de Chine, de Cochinchine etc.

La guerre du Mexique, entreprise contre toute justice, coûta la vie à quarante-cinq mille de nos soldats, et au trésor plus d'un milliard ; l'emprunt mexicain, patronné par le gouvernement, causa la ruine de bien des gens, qui, sur la foi de M. Rouher, y avaient mis leurs épargnes.

Pendant que nos arsenaux se vidaient pour cette expédition lointaine, que M. Rouher appelait la « grande pensée du règne » et qui fut à la fois funeste à notre honneur et à notre commerce en Amérique, la Prusse déclarait la guerre à l'Autriche, et la France n'était pas assez puissante pour jeter son épée dans la balance et pour empêcher l'agrandissement de la Prusse.

**

Enfin la guerre de 1870 fut déclarée par l'Empereur et ses conseillers, *non point dans l'intérêt de la nation*, mais dans un but purement dynastique, *pour donner de la popularité au prince impérial, et pour détourner l'attention des affaires intérieures.*

Pour l'agrément de quelques personnes, le sang de milliers de jeunes hommes allait couler, et un pays autrefois riche et heureux allait être dévasté.

En vain M. Thiers et d'autres députés patriotes essayèrent de faire entendre la voix de la raison : leur parole fut étouffée par les clameurs des candidats officiels. M. Thiers lui-même fut insulté.

Le peuple français avait donné au plébiscite du 8 Mai 1870 où on lui promettait la tranquillité 7 millions de voix à l'Empereur, pensant donner des voix à la paix et à la sécurité. A ce moment *l'empereur songeait déjà à la guerre*, et trompait la confiance du pays par une ingratitude sans exemple dans l'histoire.

Le maréchal Le Bœuf était venu déclarer à la tribune qu'on était prêt, archi-prêt, que, la guerre dût-elle durer deux ans, on n'aurait pas besoin d'un seul bouton de guêtre.

Bientôt les faits démentirent ces paroles.

L'armée était à peine entrée en campagne, qu'on s'aperçut que bien des choses nécessaires lui manquaient. Les dépêches des intendants et des généraux, qui ont été publiées, montrent combien les gens auxquels la France avait confié le gouvernement étaient imprévoyants : on n'avait pas de chassepots, malgré les sommes énormes votées par le Corps législatif en 1866 et 1867 pour en fabriquer : on n'avait pas des canons en nombre suffisant, on n'avait pas de cartes, certains corps manquaient d'approvisionnements et de matériel, etc.

L'Empereur, au lieu de donner le commandement à un seul chef, l'avait divisé entre plusieurs généraux presque indépendants les uns des autres, et dont quelques-uns n'avaient d'autre titre à ces hautes fonctions que la faveur dont ils jouissaient à la cour. En agissant ainsi, il avait pour but de se réserver la direction des opérations, et *c'est sur lui que doit retomber la responsabilité de nos malheurs.*

De cette division de commandement résuïta un manque d'ensemble, qui, malgré le courage des troupes, amena les défaites de Wissembourg, de Forbach et de Reischoffen.

Napoléon III, après avoir de sa propre autorité, et malgré plusieurs de ses généraux, capitulé à Sedan, était emmené dans un palais où il était traité avec le luxe d'un souverain, tandis que plus de vingt mille de nos soldats périssaient de froid et de faim en Allemagne.

Il allait enfin mourir en Angleterre dans son palais de Chislehurst acheté avec l'argent de la France.

La criminelle imprévoyance de cet homme auquel la France avait confié ses destinées, nous coûta l'Alsace et la Lorraine, dix milliards, la perte de notre influence : près de 30 départements furent ravagés et cent-soixante mille Français perdirent la vie. Voilà comment finit cet Empire qui avait promis d'être la paix.

Pour compléter nos malheurs, au moment où l'armée de la Loire organisée par le gouvernement de la Défense nationale, commençait à prendre l'offensive, Bazaine, un autre homme de l'Empire, livrait Metz avec nos canons et nos drapeaux.

On voit par ce rapide résumé d'histoire que, depuis 1789, la France a essayé toutes les formes de la monarchie : monarchie légitime et parlementaire avec les Bourbons, empire absolu avec Napoléon 1er, monarchie constitutionnelle de Louis-Philippe, empire absolu, empire libéral sous Napoléon III.

Aucun de ces gouvernements n'a duré plus de dix-huit ans.

Tous ont fini par des révolutions, et les deux empires ont amené l'invasion et le démembrement de la France.

En aucun cas la transmission du pouvoir ne s'est faite régulièrement et pacifiquement.

C'est là un phénomène qui depuis longtemps a préoccupé les esprits qui pensent et qui aiment leur pays.

Aussi après nos malheurs, on vit d'anciens ministres de la monarchie constitutionnelle et les plus illustres, les Thiers, les Dufaure, les Rémusat, etc., se déclarer pour la forme républicaine. Ils ont été suivis dans cette voie par une foule d'hommes considérables à la fois par leur fortune et leur talent, Casimir Perier, Léon Say, Germain, Wallon, d'Audiffret-Pasquier, etc., pour ne parler que des plus importants, et par la majorité de la classe riche et instruite qui jadis était plus portée vers la monarchie constitutionnelle. Aussi les républicains, peu nombreux autrefois, sont maintenant la majorité de la nation.

M. Thiers et ses amis se disaient que puisque, avec la monarchie, la France était sujette à des révolutions périodiques, il fallait trouver le moyen d'organiser un pouvoir qui pût se transmettre régulièrement et pacifiquement : la forme républicaine permettant seule d'atteindre ce but, ils sont allés à la république.

Au président de la République nommé pour un temps déterminé par la loi, succéderait un autre président, le même, s'il avait su mériter la confiance de la nation.

Déjà l'expérience a prouvé que le pouvoir pouvait changer de main sans secousse.

Le 24 mai 1873, un vote de la Chambre renversa le ministère qui avait la confiance de M. Thiers ; on voulut imposer au libérateur du territoire une politique de combat, au lieu de la politique d'apaisement qu'il poursuivait. Le Président de la République donna sa démission, et fut immédiatement remplacé par le maréchal Mac-Mahon.

Il n'y eut pas un cri, pas une manifestation; le changement du chef du gouvernement, chose inouïe en France, se fit aussi facilement que le déplacement d'un préfet.

M. Thiers avait dit, avec la sagacité qui lui est habituelle : l'avenir est aux plus sages. Après le 24 mai, on assista à des tentatives de restauration monarchique qui échouèrent. Certains partis monarchiques étaient même si impatients qu'ils ne voulaient pas attendre l'expiration des sept années de pouvoir confiées au Maréchal-Président par la loi du 20 novembre. *Les républicains furent les plus fermes soutiens du Maréchal-Président*, parce que seuls ils désiraient sincèrement son maintien au pouvoir, et ce sont eux qui ont le plus contribué à assurer à son gouvernement une organisation constitutionnelle et légale.

Ils donnèrent l'exemple de l'obéissance à la loi; leurs journaux, leurs députés tinrent une conduite, qui après avoir eu l'approbation du pays (1), a fini par faire triompher leurs principes même à l'Assemblée.

---

(1) Sur 31 élections faites depuis le 24 mai 1873, le pays a nommé 24 *députés républicains*, 6 bonapartistes, 1 légitimiste.

C'est en effet l'accord des groupes républicains et d'une fraction du Centre droit, qui a enfin doté la France d'un gouvernement régulier et définitif : la République.

La Constitution est maintenant votée, et il faudrait pour la détruire une révolution, « la plus redoutable de toutes, » a dit M. Thiers

*
* *

Il s'agit d'assurer le fonctionnement régulier des nouvelles institutions :

Auprès du Président de la République nommé pour sept ans, et rééligible, se trouvent le Sénat, nommé par un corps électoral spécial, et la Chambre des députés issue du suffrage universel direct. Les deux Chambres réunies nomment le Président de la République.

Le Sénat se compose de 300 membres, et a conjointement avec le Président de la République, le droit important de dissoudre la Chambre.

75 membres sont nommés par l'Assemblée Nationale, 225 par les départements, suivant la population de chacun d'eux.

Sont appelés à concourir à l'élection

des 223 Sénateurs élus par les départements :

1° Les députés du département.

2° Les conseillers généraux.

3° Les conseillers d'arrondissement.

4° Un délégué nommé par chacun des conseils municipaux.

Telles sont les principales institutions de la Constitution nouvelle.

Malgré ses imperfections, elle peut rendre à la France son rang parmi les nations, et lui assurer la paix et la tranquillité dont tout peuple a besoin pour ses affaires.

***

D'ailleurs la forme actuelle du gouvernement a déjà fait ses preuves :

La République est depuis bientôt cinq ans le gouvernement de la France, et elle a déjà prouvé dans les circonstances les plus difficiles, quoiqu'ayant été gouvernée pendant plus d'un an par ses adversaires, *qu'autant et plus qu'aucune autre forme du gouvernement, elle pourait assurer l'ordre, la liberté et le respect de la loi.*

Elle a, en effet, terminé une cruelle guerre, entreprise par l'empereur Napoléon III.

Prouvé son crédit en contractant les emprunts les plus considérables de ce siècle;

Payé comme rançon de la guerre entreprise par l'Empire, une somme si énorme qu'il semblait impossible qu'un seul État pût la trouver;

Assuré le fonctionnement de tous les services publics;

Commencé la réorganisation de l'armée, non pour faire des guerres, mais pour être en mesure de résister à des attaques si elles avaient lieu;

Décrété l'égalité des citoyens devant la loi militaire en supprimant le remplacement pécuniaire, et en astreignant tous les Français au service militaire personnel, aussi bien le fils du millionnaire que celui du plus pauvre ouvrier; (1)

Amélioré, autant que le permettaient

____

(1) Cette organisation n'est pas encore parfaite, bien qu'elle soit un progrès évident sur les lois antérieures. Nous espérons que le service militaire deviendra de moins en moins lourd, et que l'institution du volontariat d'un an sera mise à la portée du plus grand nombre.

les lourdes charges du budget, le sort des petits employés;

Encouragé et propagé l'instruction.

Qui aurait dit, il y a quatre ans, que la France se serait relevée aussi vite, et que la prospérité y serait, malgré tant de désastres, aussi grande que dans les États les plus florissants de l'Europe!

***

Les partisans de l'empire et les monarchistes vous parlent sans cesse de la prospérité du règne qui a fini par l'invasion; quand ils sont à bout de raisons, ils vont jusqu'à dire que sous la République les récoltes ne sauraient être aussi abondantes que sous l'empire, et que le commerce ne peut prospérer. Bien que le bon sens seul suffise pour avoir raison de ces mensonges, voici des chiffres officiels qui prouvent que les affaires vont aussi bien et mieux qu'autrefois.

En 1868, l'année de l'empire où la récolte en blé a été la plus considérable la production a été de cent seize millions sept cent-quatre-vingt trois mille hectolitres (116,783,000). — En 1872, sous la République, et malgré la perte de l'Alsace et de la Lorraine (un million quatre cent quarante-sept mille hectares), la production du froment a été de cent vingt millions huit cent trois mille hectolitres (120,803,000). *La récolte de 1872, est par conséquent supérieure de plus de quatre millions d'hectolitres à l'année la plus productive de l'empire.*

En 1869, le total du commerce extérieur général de la France a été de huit milliards deux millions. — En 1873, le même commerce s'est élevé à neuf milliards trois cent quatre-vingt-dix-huit millions. — Différence en faveur de 1873, un milliard trois cent quatre-vingt-seize millions de francs (1).

La France se relèvera de plus en plus si, comme tout le fait espérer, la grande majorité des Français accepte franchement le gouvernement actuel, qui par la suppression de la liste civile du souverain et des dotations, donne une économie réelle de 30 millions par an.

Nous payons en ce moment de lourds

---

(1) Situation commerciale de la France, publiée par le ministère de l'agriculture et du commerce, avril 1857.

impôts; c'est le fruit de la guerre déclarée en 1870 à la Prusse par Napoléon III.

D'ici longtemps peut-être, il ne sera pas possible de diminuer le budget; il faut assurer le payement de la dette publique, les différents services, et opérer la reconstitution de notre matériel de guerre, non pour attaquer, mais pour être prêts à se défendre, s'il en était besoin.

Aucun gouvernement ne pourrait réduire nos dépenses.

Celui de la République les diminue dans des proportions considérables.

Sous la République nous avons à payer:

1° Pour le traitement du Président de la République, six cent mille francs	600.000 »
2° Frais de maison du Président, trois cent mille francs................	300.000 »
3° Dépenses de l'Assemblée nationale, huit millions six cent cinquante-quatre mille francs	8.654.000 »
4° Conseil d'Etat, huit cent soixante-deux mille huit cents fr.......	862.800 »
Total, dix millions quatre cent seize mille huit cents francs..........	10.416.800 »

L'empire coûtait :

1° Liste civile de l'empereur, vingt-cinq millions	25.000.000 »
2° Dotation de sa famille, deux millions deux cents mille francs	2.200.000 »
A reporter.........	27.200.000 »

Report............. 27.200.000 »

3° Dépenses du Sénat et du corps législatif, onze millions quatre cent trente-trois mille cinq cents francs ...11.433.500 »

4° Les corps spéciaux de la garde impériale, quatre millions........... 4.000.000 »

5° Conseil d'Etat, deux millions trois cent soixante-six mille neuf cents francs .... 2,366.900 »

6° Conseil privé, trois cent mille fr. 300.000 »

7° Fête de l'empereur, deux cent mille francs .... 200.000 »

8° Ministère de la maison de l'empereur, quatre millions cinq cent quatre-vingt-neuf mille sept cents francs..... 4,589.700 »

Total, cinquante millions quatre-vingt dix mille cent francs .... 50.090.100 »

Il résulte de ces chiffres que la République réalise une économie de plus de quarante millions de francs par an.

Le traitement des ministres n'est plus que de soixante mille francs au lieu de cent mille, on a supprimé des sinécures, des frais inutiles.

En outre, une foule de palais, de maisons, de fermes, de parcs, de forêts, dont la jouissance appartenait à l'empereur, ont fait retour au domaine de l'État et c'est la nation qui en perçoit actuellement les revenus qui se chiffrent par plusieurs millions.

La République est appliquée comme remède dans les moments de crise; elle a fait ses preuves de capacité, il faut la garder comme gouvernement régulier, puisque seule elle peut empêcher *le retour de nouvelles révolutions*, et inaugurer pour notre patrie une nouvelle période de paix et de prospérité.

On essaiera de vous effrayer avec un prétendu péril social : les faits répondent à cette accusation de mauvaise foi ; la propriété et l'ordre public ont-ils jamais été plus respectés que depuis quatre ans ? *A aucune époque le clergé n'a été plus libre dans ses manifestations même politiques*, que depuis l'établissement de la République ; il a pu organiser et faire des pèlerinages, que certes l'empire n'aurait pas tolérés. D'ailleurs ne voyez-vous pas autour de vous un grand nombre de personnes riches et influentes se rallier sincèrement à la forme républicaine.

C'est la première République qui a donné aux bourgeois et aux paysans le droit et le pouvoir de posséder la terre qui appartenait auparavant presque en entier aux nobles et aux prêtres : la troisième République ne renversera pas ce que nos ancêtres ont fondé.

Le vrai danger, dont les adversaires de la Constitution ne parlent pas, serait la nomination de gens appartenant aux anciens partis, et qui ne seraient point disposés à imiter le patriotisme des députés qui ont fait taire leurs préférences personnelles devant l'intérêt supérieur de la patrie.

*
* *

Voter est le devoir d'un bon Français.

Pas d'abstention : souvent une élection tient à un petit nombre de voix.

Il y a eu des députés élus à moins de deux voix de majorité.

Peut-être parmi ceux qui ont voté le premier amendement dû à l'initiative de l'honorable M. Wallon, aujourd'hui ministre de l'Instruction publique, peut-être y a-t-il eu des députés élus à une faible majorité. — Cet amendement qui a eu tant d'influence sur l'avenir de notre pays, puisqu'il a été le point de départ de la constitution républicaine, n'a été voté d'abord qu'à UNE voix de majorité.

Qu'un des votants se fût abstenu, il n'y avait pas de vote.

On voit combien une seule voix peut avoir d'influence.

Gardez-vous de donner vos voix à des légitimistes : ils amèneraient, s'ils le pouvaient, Henri V, c'est-à-dire le retour de l'ancien régime, et nous feraient reculer jusqu'avant 1789.

Quant aux orléanistes ou monarchistes soi-disant constitutionnels, les nommer ce serait vouloir *la suppression du suffrage universel*, et le retour à l'époque où 240,000 citoyens seulement avaient le droit de voter.

Choisissez encore moins des partisans de l'empire : quand ils ont été au pouvoir, la France à laquelle ils promettaient la paix, a toujours eu la guerre. Ils nous ont déjà amené trois invasions, d'où la France est sortie amoindrie : les deux premières nous ont ravi les frontières du Rhin, conquises sous la première République ; la troisième invasion nous a coûté l'Alsace et la Lorraine ; un nouvel empire, heureusement impossible, entraînerait de nouvelles guerres, et un nouvel abaissement de la France.

Les partisans de l'Empire n'oseront pas franchement afficher leurs prétentions et leurs espérances ; ils vous parleront de la souveraineté nationale, d'appel au peuple, etc.; mais ce sont là autant de mensonges auxquels ne se laisseront pas prendre ceux qui se souviennent qu'au moment du plébiscite *le même parti romettait la paix, et que deux mois après, il déclarait, sans nécessité, la plus terrible des guerres.*

D'ailleurs, comme l'a très-bien dit M. Henri Martin, député de l'Aisne, dans une excellente brochure adressée aux conseillers municipaux :

« Quand ils ne croiront pas pouvoir enlever votre suffrage, ils essayeront de le surprendre. Ils se déguiseront en conservateurs, en défenseurs de l'ordre, de la famille, de la propriété, de la religion. — Arrachez les masques : obligez tout candidat douteux à s'expliquer nettement sur sa résolution de s'opposer à toute révolution nouvelle et de maintenir le gouvernement de la République; obligez-le à s'expliquer sur les droits inaliénables du peuple qu'assure ce gouvernement, et particulièrement sur nos libertés municipales, dont les bonapartistes ont toujours été les plus grands ennemis.

» C'est le premier Bonaparte qui les a arrachées à la France, et jamais un Bonaparte ne nous les rendrait. — Pas d'équivoque : obligez chacun à se montrer tel qu'il est, et ne laissez pas dérober par la ruse ce que l'audace n'aurait pu conquérir. »

Depuis le 25 février 1875, où l'Assemblée a constitué la République, il n'y a plus en France que deux partis : ceux qui acceptent la constitution, et ceux qui la repoussent; de quelque nom que ces derniers s'appellent, soit légitimistes, soit orléanistes, soit bonapartistes, *ce sont les pires des révolutionnaires, puisqu'ils veulent changer la forme légale du gouvernement; les seuls conservateurs qui méritent ce nom, sont ceux qui s'inclinent devant la loi, et qui veulent se servir de la constitution pour le plus grand bien de la France* (1).

Pendant la guerre, on entendait les conservateurs répéter qu'il ne fallait plus de divisions, et que tout le monde devrait se serrer autour du gouvernement que fonderait l'Assemblée. Beaucoup ont accepté franchement la République : puissent les autres conservateurs les imiter au lieu de rêver la restauration de monarchies impossibles !

Les partis hostiles au relèvement de la France par la République vous diront que la Constitution est révisable; c'est-à-dire,

---

(1) Nous ne pouvons mieux faire pour démontrer la nécessité d'obéir à la Constitution que de citer les paroles de M. de Lavergne, président de la *Commission des Trente: « Nous avons été conduits par un concours de circonstances impérieuses à donner au gouvernement la forme républicaine ; tous les bons citoyens doivent s'y rallier.»* Discours du 27 Mai 1875.

qu'elle peut être modifiée. Elle ne peut être révisée qu'en conservant la forme républicaine et en 1880 seulement.

Ils vous répèteront que la révision est un danger, ils vous trompent en le disant et les faits répondent à leur mensonge : l'Amérique est depuis cent ans en République, et est devenue, sous cette forme, une des nations les plus puissantes et les plus riches du monde : plus de 16 articles importants ont été, depuis cette époque, ajoutés à sa constitution. Quant à la Suisse, notre voisine, qui a si bien accueilli nos soldats lors de la défaite de Bourbaki dans l'Est, elle est, depuis plusieurs centaines d'années, en République, les lois y ont été maintes fois révisées, ce qui ne l'empêche pas d'être un des pays les plus riches et peut-être le pays le plus heureux de l'Europe.

Votez donc tous et choisissez pour vous représenter, ceux-là seuls qui veulent la consolidation du régime actuel, et le relèvement de la France sous le drapeau tricolore de la République ouverte à tous les hommes de bonne volonté qui aiment leur patrie.

La brochure : *La République c'est la tranquillité*, se trouve à la librairie du **Suffrage universel**, 14, rue Hautefeuille.

   » fr. **10** c.   l'exemplaire.
   8   »   le cent.
   60   »   le mille.

EN VENTE A LA MÊME LIBRAIRIE
Et aux mêmes conditions

VICTOR HUGO. **La Déportation.**
ÉDOUARD LOCKROY. **Le mandat.**
CHARLES BOYSSET. **La Liberté du Suffrage.**
TURIGNY. **La république des paysans.**
LOUIS ASSELINE. **Sa majesté le Maire.**
BONNET-DUVERDIER. **Les deux Questions.**
YVES GUYOT. **La vérité sur l'empire.**
SIGISMOND LACROIX. **La tradition de 89.**
P. A. DELBOY. **Que doit être le Sénat ?**
GABRIEL GUILLEMOT. **La jolie Famille.**
EUGÈNE JACQUET. **Le complot bonapartiste;** extraits du rapport de M. Savary et de la déposition de M. Léon Renault, préfet de police. Deux brochures 1re, 10 c.; 2e, 5 c.
ÉMILE GAUTIER. **Les finances de l'Empire.**
PAUL BEURDELEY. **Petite histoire du parti bonapartiste.**
MILLOT. **Petite histoire de Napoléon III.**

Sous presse :

LOUIS BLANC. **L'empire c'est la guerre.**
ERNEST LEFÉVRE. **Le travail et la République.**
CH.-L. CHASSIN. **Les cahiers de 89 et les cahiers du Sénat.**
MILLOT. **L'Empire et l'Algérie.**

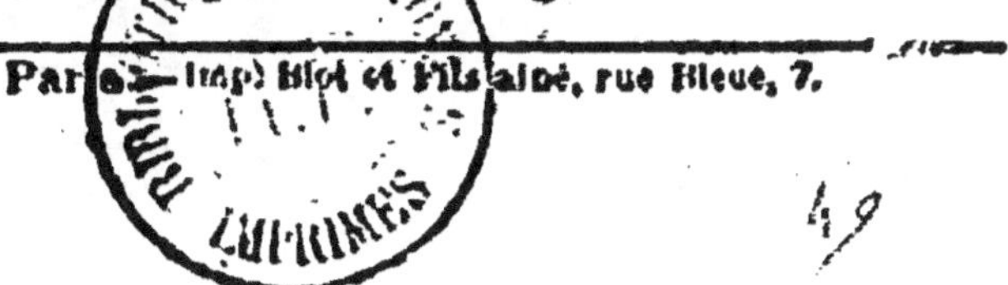

Paris. — Imp. Blot et Fils aîné, rue Bleue, 7.

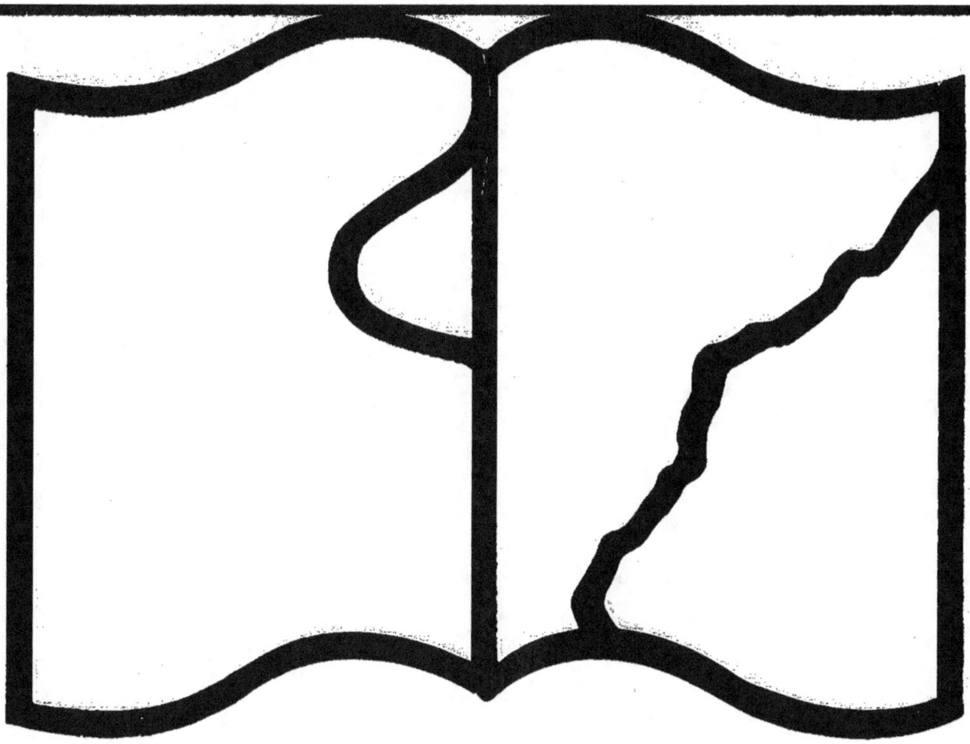